W0394727

Sicher zum Grundwortschatz 2

Ein Lehrgang zum richtigen Schreiben in Vereinfachter Ausgangsschrift

Erarbeitet von
Günter Gramsamer
Franz Holzner

Beratung von
Roswitha Bolvansky
Martina Hofele

Ernst Klett Verlag
Stuttgart · Leipzig

Selbstlaute

Die Laute **a e i o u** klingen selbst.
Deshalb heißen sie Selbstlaute.

1

1. Suche die Selbstlaute in den Wörtern. Male sie grün an.

Ast   Nase   Erde   Eltern   Birne   Finger

Vogel   Obst   Frucht   Busch   Bank   Abend

2. Vergleiche mit den Wörtern in Aufgabe 1.
Setze die fehlenden Selbstlaute grün ein.

__ rd __   Fr __ cht   B __ rn __   __ b __ nd   B __ sch   V __ g __ l

__ bst   B __ nk   __ st   F __ ng __ r   __ lt __ rn   N __ s __

3. Tausche die Selbstlaute aus. Dann entstehen neue Wörter.

Wand

Hase

Bach

Gold

Pelz

4. Male die neuen Selbstlaute in Aufgabe 3 grün an.

5. Male in den Monatsnamen alle Selbstlaute grün an.

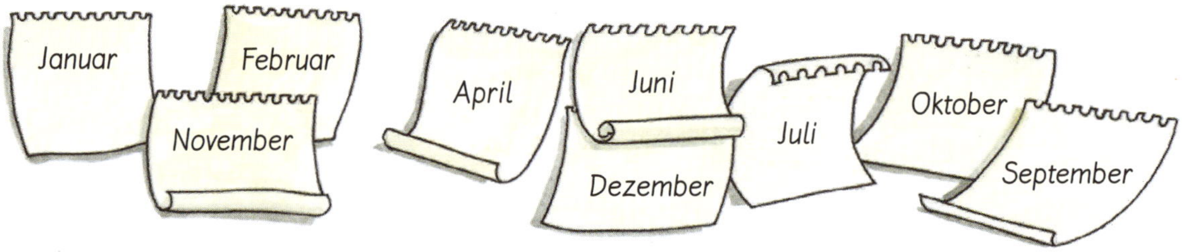

6. Schreibe die Monatsnamen mit dem Selbstlaut **i** ab.

Umlaute

1. Trage die Wörter in die richtige Spalte ein. Male **ä**, **ö**, **ü** grün an.

Käfer Körper fünf Kälte Wärme wünschen

flüssig müssen können März schön Brötchen

ä	ö	ü

Die Laute ä ö ü heißen Umlaute.
Sie sind veränderte Selbstlaute.

2

2. Welcher Umlaut fehlt hier? Ergänze.

Br __ cke

M __ rz

L __ ffel

Schl __ ssel

3. Hier sind sechs Wörter mit **ä**, **ö**, **ü** versteckt. Umkreise sie.

Y	Z	K	U	J	H	A	W
B	R	Ö	T	C	H	E	N
W	Ä	R	M	E	Z	J	G
Z	Y	P	K	Ä	L	T	E
X	O	E	K	Ä	F	E	R
M	Ä	R	Z	H	H	J	W

4. Schreibe die Wörter auf. Fahre die Umlaute grün nach.

Mitlaute

1. Streiche alle Selbstlaute durch.

A/a	B/b	C/c	D/d	E/e	F/f	G/g	H/h	I/i	J/j	K/k	L/l	M/m
N/n	O/o	P/p	Q/q	R/r	S/s	T/t	U/u	V/v	W/w	X/x	Y/y	Z/z

Mitlaute können wir mithilfe eines Selbstlautes besser sprechen und hören.

3

2. Bei diesen Wochentagen fehlen Mitlaute. Ergänze sie.

Mo _ _ a _ Die _ _ _ a _ F _ ei _ a _ Sa _ _ _ a _

3. Bilde neue Wörter. Lass dazu den Mitlaut am Wortanfang weg.

Brot ______ Hals ______ Hund ______ Maus ______

fein ______ kalt ______ warm ______ bringen ______

4. Bilde neue Wörter. Tausche dazu den Mitlaut im Wort aus.

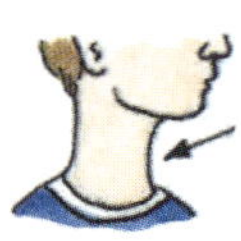

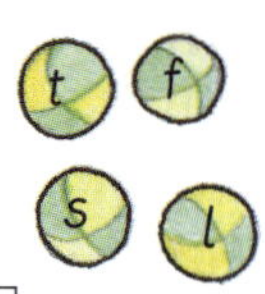

Seide ______ Hans ______ reiten ______ Salz ______

5. Verbinde die Geheimschrift mit dem dazugehörenden Wort.

Cent	_ ■ _ ■ _	Abend	_ ■ _ _ _ ■ _
Vogel	■ _ _ _	Puppe	■ _ ■ _ _
Obst	_ ■ _ _	Fenster	_ ■ _ _ ■

Geheimschrift:
_ = *Mitlaut*
■ = *Selbstlaut*

Wörter und Sätze aufschreiben

So kannst du üben, wie du Wörter zum Mitsprechen aufschreibst:
1. Sprich das Wort deutlich Laut für Laut.
2. Schreibe das Wort und sprich dabei deutlich mit.
3. Lies das geschriebene Wort nun Laut für Laut.
   Prüfe, ob du keinen Laut vergessen hast.

1. Übe nun so, diese Wörter aufzuschreiben.

Obst kaufen drei Samstag warm morgen Bruder schreien

So prägst du dir Wörter mit Merkstellen ein:
1. Lies das Wort. Schau es Buchstabe für Buchstabe an.
2. Unterstreiche Merkstellen im Wort.
3. Merke dir das Wort. Decke es ab.
4. Sprich dir das Wort vor. Schreibe es auswendig auf.
5. Vergleiche mit der Vorlage, ob du richtig geschrieben hast.

2. Übe nun so, diese Wörter aufzuschreiben.

Brief Hexe elf Leute Uhr Frühling Weihnachten

So kannst du üben, Sätze aufzuschreiben:
1. Lies zuerst den ganzen Satz.
2. Merke dir einen Teil des Satzes. Sprich ihn dir vor.
3. Decke diesen Teil dann ab. Schreibe ihn auf.
4. Vergleiche danach Wort für Wort, ob du richtig geschrieben hast.
5. Gehe nun bei den nächsten Satzteilen genauso vor.

3. Übe nun so, diese Sätze aufzuschreiben. Teile den letzten Satz selbst ein.

Oma hat Ewa ein Buch mit schönen Bildern geschenkt.
Ewa und ihr Bruder lesen gerne darin.
Das schreibt sie Oma in einem langen Brief.

Das Abc

A	B	C	D	E	F	G	H	I	J	K	L	M	N	O	P	Q	R	S	T	U	V	W	X	Y	Z

1. Schreibe die Buchstaben in der Reihenfolge des Abc auf.

A D I M O S W Y
F B G K P T X V Z
H J N E L Q U R C

2. Die Schlange hat Buchstaben aus der Abc-Schüssel gefressen. Trage die übrig gebliebenen Buchstaben richtig ein.

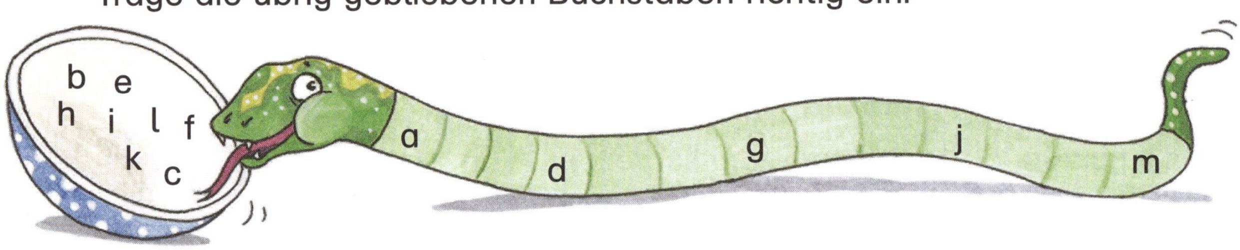

3. Wie heißen die Nachbarbuchstaben? Trage sie richtig ein.

4. In jeder Buchstabenreihe fehlt in der Reihenfolge des Abc immer ein Buchstabe. Schreibe ihn auf.

1 D E F H I J

2 A B C D F G H

3 O P Q R T U

4 G H J K L M

5 B D E F G H

6 E F G I J K

7 Q R S U V W

Das Lösungswort heißt:

1	2	3	4	5	6	7

5. Trage die 26 Kleinbuchstaben des Abc in ihrer Reihenfolge ein.

a																									
1	2	3	4	5	6	7	8	9	10	11	12	13	14	15	16	17	18	19	20	21	22	23	24	25	26
A	B	C	D	E	F	G	H	I	J	K	L	M	N	O	P	Q	R	S	T	U	V	W	X	Y	Z

6. Bestimme bei den Wörtern die Nummer des Anfangsbuchstabens.
Schreibe sie dann in der richtigen Reihenfolge untereinander auf.

F rucht	C ent	P apier	M ai	Z ehe	Qu adrat
6					

7. Lies die Wörter. Umkreise den Anfangsbuchstaben.

8. Ordne die Wörter nun nach dem Abc.
Die Anfangsbuchstaben ergeben ein Lösungswort.

9. Schreibe die Vornamen nach dem Abc geordnet auf.

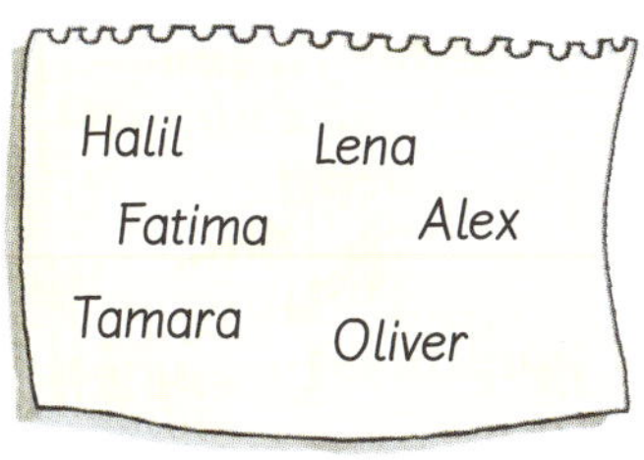

A

Übungswörter

August	schön
baden	Tante
Tochter	Ende
Woche	Onkel
schlafen	Zeit

Schulbeginn

Julia war im August eine Woche bei Onkel Max, Tante Lea und deren Tochter Alexia. Lange zu schlafen und im Meer zu baden, war für Julia am schönsten. Schade, dass die schöne Zeit zu Ende ist.

1. Lies die Geschichte.
Was findet Julia schade? Ergänze den Satz.

Die schöne ________ im Monat ________ ist zu ________.

2. Lies die **Übungswörter**. Unterstreiche sie im Text.

1 **3.** Schreibe alle **Übungswörter** ab.

4. Setze unter diese **Übungswörter** für jeden Laut, den du hörst, ein Kreuz.

Woche	Onkel	Tante	Tochter	Ende
x x x x				

5. Welche vier **Übungswörter** passen? Trage sie in Druckschrift ein.

6. In sechs **Übungswörtern** findest du einen Laut, den du mit zwei oder drei Buchstaben schreibst. Schreibe sie so ab: *Z<u>ei</u>t*

7. Welche **Übungswörter** reimen sich hier? Schreibe sie darunter.

Kante	schaden	weit	Hafen

8. Erkennst du die **Übungswörter**? Schreibe sie auf.

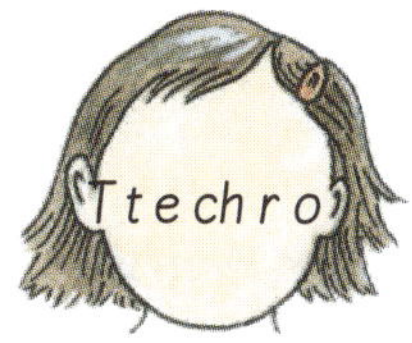

9. Unterstreiche jeweils den ersten Buchstaben.
Ordne die **Übungswörter** nach dem Abc.

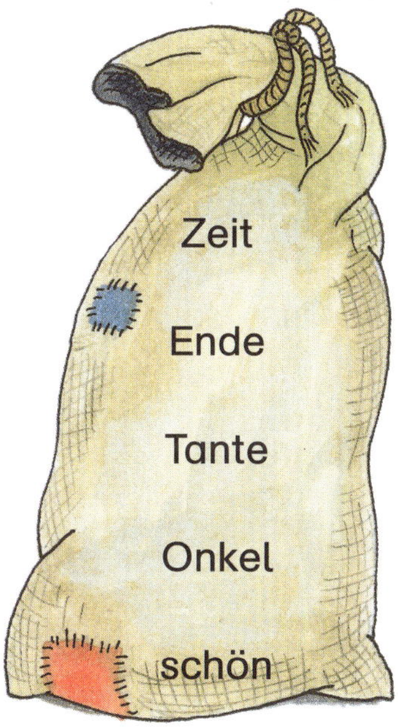

10. Bilde Wörter. Schreibe sie auf. Überprüfe mit dem Wörterverzeichnis.

En- | Toch- | -fen

-kel | Wo- | -te

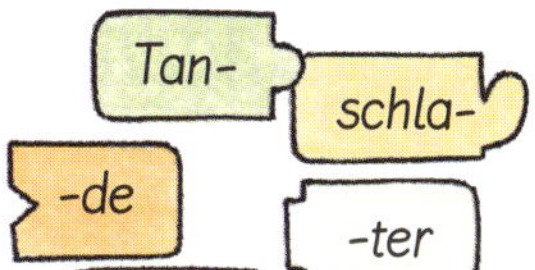

11. Übe diese Sätze richtig aufzuschreiben.

Der August ist zu Ende.
Julia ist wieder in der Schule.
Die Zeit lange zu schlafen ist vorbei.
Julia denkt an die schöne Woche bei Onkel und Tante.

Wörter trennen

1. Lies die Wörter in den Bildern und klatsche die Silben. Ergänze den Trennungsstrich in den Bildern. Schreibe dann das ganze Wort auf.

2. Lies die folgenden Wörter in Silben und klatsche dazu.

3. Schreibe die Wörter aus Aufgabe 2 in Silben getrennt auf: *Klas - se*

4. Male nun bei diesen Wörtern jeden Selbstlaut oder Umlaut grün an.

> Wörter bestehen aus einer oder mehreren Silben.
> In jeder Silbe ist ein Selbstlaut oder ein Umlaut.

4

5. Sprich die folgenden Wörter in Silben. Klatsche dazu.
Zeichne dann die Silbenbögen darunter.

schlagen Ast November frisch Computer denken Wärme

arbeiten Weg Körper lernen bewegen Jahr Dezember neu

1/2

6. Schreibe die Wörter von Aufgabe 5 nach der Zahl der Silben geordnet auf.
Schreibe dabei die Wörter, die du trennen kannst, getrennt auf: *Am - pel*

1 Silbe	2 Silben	3 Silben

7. Male nun jeden Selbstlaut und Umlaut grün an.

8. Zeichne die Silbenbögen unter diese Wörter.

la chen

Ta sche

stre cken

9. Umkreise **ch**, **sch** und **ck** farbig.

Beim Trennen bleiben **ch**, **sch** und **ck** immer zusammen.

5

10. Klatsche die Silben. Schreibe die Wörter getrennt darunter.

machen	suchen	Kuchen	Sträucher
wünschen	waschen	Flaschen	Taschen
wecken	strecken	Flecken	Zucker

11. Umkreise jeweils **ch**, **sch** und **ck**.

12. Klatsche die Silben dieser langen Wörter. Zeichne die Silbenbögen darunter.

Gesichtsfarbe   Oktoberfest   Bilderbücher   Heftumschläge

13. Aus 16 Silben werden acht Wörter. Schreibe sie auf.

-ken -ben fin- hal- -den dan- re- schla-

-den ru- schnei- ge- -den -ten -fen -fen

Namenwörter und ihre Begleiter

1. Verbinde die Bilder mit dem richtigen Namen.

Frau Mann Katze Hund

Blumen Baum Computer Geld

2. Umkreise bei jedem Wort den ersten Buchstaben.

Namenwörter sagen Namen für Menschen, Tiere,
Pflanzen und Dinge. Sie werden großgeschrieben.
Namenwörter haben Begleiter: der – die – das, ein – eine.

3. Streiche die Wörter durch, die keine Namenwörter sind.

Baby Cent baden zeigen Erde schön neu Thermometer
Flasche gehen Insel Onkel morgen zwei reich Zucker

4. Schreibe die acht Namenwörter aus Aufgabe 3 mit den Begleitern **der**, **die** oder **das** ab.

5. Ergänze die Begleiter **ein** oder **eine**.
Umkreise alle Namenwörter.

Nina bekommt ______ Katze. Michael freut sich über ______ neues Fahrrad.

Bello ist ______ lustiger Hund. Ewa hat ______ bunte Mütze.

Felix liest ______ spannendes Buch. Uli bastelt ______ Schlange aus Papier.

Anne bekommt ______ Kleid. Juris Eltern haben ______ Bäckerei.

Einzahl – Mehrzahl, Satzanfang – Satzende

Namenwörter gibt es in der Einzahl und in der Mehrzahl.
In der Mehrzahl heißt der Begleiter immer **die**: die Hasen.

6

1. Schreibe die Namenwörter in der Einzahl und in der Mehrzahl mit Begleiter auf. Überprüfe mit dem Wörterbuch.

___ Seife	–	___	___ Stunde	–	___
___ Kleid	–	___	___ Monat	–	___
___ Körper	–	___	___ Jahr	–	___
___ Kind	–	___	___ Käfer	–	___

2. Umkreise die zehn Namenwörter: Einzahl – blau, Mehrzahl – braun.

LISA GEHT GERNE IN DIE SCHULE. SIE SITZT NEBEN IHRER FREUNDIN.
IHRE BÜCHER UND HEFTE LIEGEN UNTER DER BANK.
HEUTE LERNEN DIE KINDER EIN LIED. LISA MAG IHRE LEHRERIN.

3. Umkreise bei jedem Satz den ersten Buchstaben und den Punkt am Ende.

Das erste Wort im Satz (Satzanfang) wird immer großgeschrieben. Am Ende eines Satzes steht ein Punkt.

7

4. Bilde Sätze. Schreibe sie auf.
Setze jeweils den Punkt. Unterstreiche den Satzanfang.

Mutter badet	nach dem Thermometer
Vater sucht	lernt Tim gern
Jeden Tag schreibt Felix	in sein Buch
Mit dem Computer	das Baby

B/b oder P/p?

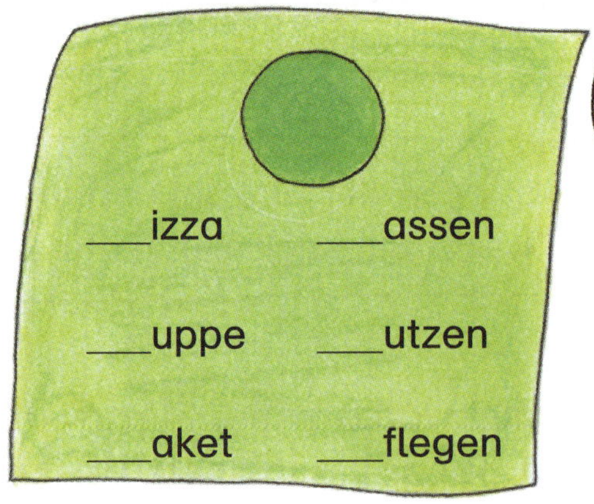

1. Halte beim Sprechen der Wörter die Hand vor den Mund.
Höre genau auf den ersten Laut.
Ergänze **B/b** oder **P/p**:

Bei ________ spüre ich mehr Luft an der Hand als bei ________.

6 **2.** Schreibe **B/b** und **P/p** groß oben in die beiden Kreise.
Ergänze dann die Lückenwörter. Dein Partner prüft: Alles richtig?

3. Trage die Wörter von oben ein. Ergänze Wörter aus dem Wörterverzeichnis.

B	b	P	p

1/2 **4.** Kannst du die Wörter mit **B** oder **P** erkennen? Schreibe sie ab.

~~Blume~~ ~~Post~~ ~~Polizei~~ ~~Brot~~ ~~Bäcker~~ ~~Papier~~

5. Trenne die Wörter mit **b** und **p** durch Striche voneinander. Schreibe sie ab.

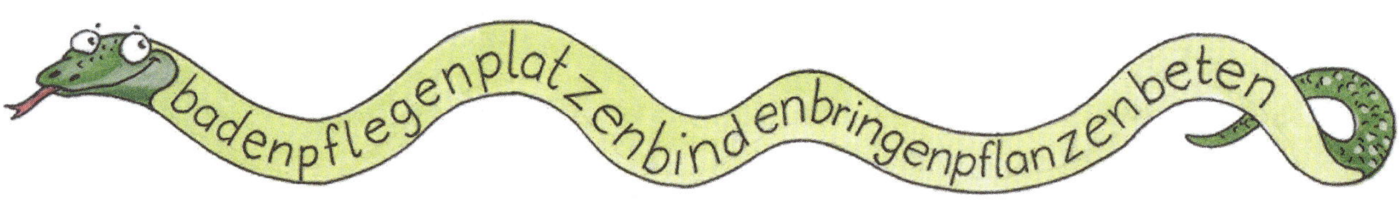

6. Sprich die folgenden Wörter deinem Partner deutlich vor.
Er soll dir sagen, ob **B** oder **P** am Anfang des Wortes steht.

Baby Pilot Bär Bahn Punkt Pass Bild Pelz

D/d oder T/t?

___ach	___ienen
___ose	___enken
___unkel	___ienstag
___ecke	___urstig

___eddy	___urnen
___ante	___anzen
___asche	___eilen
___ee	___rinken

1. Halte beim Sprechen der Wörter die Hand vor den Mund.
Höre genau auf den ersten Laut.
Ergänze **D/d** oder **T/t**:

Bei ________ spüre ich mehr Luft an der Hand als bei ________.

2. Schreibe **D/d** und **T/t** groß oben in die beiden Kreise.
Ergänze dann die Lückenwörter. Dein Partner prüft: Alles richtig?

3. Trage die Wörter von oben richtig ein.
Ergänze weitere Wörter mit **D/d** und **T/t** aus dem Wörterverzeichnis.

D	d	T	t

6

4. Halte beim Sprechen die Hand dicht vor den Mund. Ergänze **D/d** oder **T/t**.

_____ag _____ier _____onnerstag _____ochter

_____emperatur _____ezember _____anken _____enken

_____ragen _____rinken _____unkel _____urnen

5. Ein besonders schwieriges Wort: *T h e r m o m e t e r*
Baue es Buchstabe für Buchstabe auf.

T	
T	h

G/g oder K/k?

1. Ergänze **G** oder **K**.

___abel

___äfig

___eld

___amm

___opf

___ebirge

___irche

___eige

___uchen

___ans

1/2 **2.** Ordne die Wörter richtig ein.

G	K

3. Halte beim Sprechen die Hand dicht vor den Mund. Ergänze **g** oder **k**.

___esund ___aufen ___roß ___ehen ___ommen ___elb

___alt ___estern ___rank ___önnen ___eben ___ochen

4. Zeichne die Silbenbögen unter die Wörter in den Aufgaben 1 und 3.

1/2 **5.** Schreibe die Wörter auf, die nur aus einer Silbe bestehen.

Fehler vermeiden

Jeder macht Rechtschreibfehler. Dafür gibt es verschiedene Ursachen.

Diese Fehler sind passiert:	**Daran hätte das Kind denken sollen:**
Jan spielt im *Gaten.*	– das Wort deutlich sprechen
	← also *G – a – r – t – e – n*
Pia klagt über Blasen am *Fus.*	– an die Merkstelle denken
	← also *ß*

4

1. Streiche die Fehlerwörter durch. Schreibe sie richtig darunter.

2. Lies diese Wörter.

Biene	böse	Zahn	Maibaum	reden
Blume	Tasche	Frühling	Papier	Monat

3. Kreise alle Wörter blau ein, bei denen dir deutliches Sprechen hilft. Kreise alle Wörter rot ein, bei denen du dir eine Merkstelle einprägen musst. Unterstreiche diese Merkstelle.

4. Vergleiche die falsch geschriebenen Wörter mit dem richtigen Vorbild. Streiche jeden Fehler an.

falsch			richtig		
Babi	*Elten*	*Schu*	*Baby*	*Eltern*	*Schuh*
Brif	*schwaz*	*Mich*	*Brief*	*schwarz*	*Milch*

1/2

5. Wie kannst du die Fehler vermeiden?
Unterstreiche entsprechend rot oder blau in Aufgabe 4.
Schreibe die Wörter richtig ab.

In der Schule

Übungswörter

Minute, acht, warten, lesen, Regen, lernen, zwei, rechnen, Aufgabe, Mädchen, Schwester

Es sind nur noch wenige Minuten bis acht Uhr.
Lea wartet auf ihre Schwester Mia.
Heute lernt Lea, was sie bei Regen anzieht.
Mia rechnet gerne schwierige Aufgaben.
Die zwei Mädchen lesen viele Bücher.

1. Lies die Geschichte.
Schreibe den Satz ab, in dem steht, was beide Mädchen tun.

2. Lies die **Übungswörter**. Unterstreiche sie im Text.

3. Schreibe die fünf **Übungswörter** ab, die im Text in anderer Form stehen.

4. Fünf **Übungswörter** sind Namenwörter. Schreibe sie mit Begleiter auf.

5. Schreibe diese Namenwörter in der Mehrzahl mit ihrem Begleiter auf.

die Minute – ______ die Schwester – ______

das Buch – ______ die Aufgabe – ______

6. In der Schlange findest du sechs **Übungswörter**. Male sie farbig an.

7. Schreibe sie ab.

8. Vergleiche die falsch geschriebenen Wörter mit dem richtigen Vorbild. Streiche jeden Fehler an.

falsch			richtig		
Minutn	*wartn*	*Aufgabn*	*Minuten*	*warten*	*Aufgaben*
waten	*Medche*	*Regn*	*warten*	*Mädchen*	*Regen*

9. Streiche die falsch geschriebenen Wörter in Aufgabe 8 durch. Erkläre, wie du die Fehler vermeiden kannst.

1 **10.** Schreibe die Wörter noch einmal richtig auf.

11. Setze die Silben zu neun **Übungswörtern** zusammen.

Auf- *rech-* *Re-* *le-* *-nen* *-ter* *war-* *-be* *Mäd-* *Schwes-* *-chen* *ler-* *-ga-* *Mi-* *-ten* *-gen* *-nu-* *-sen* *-nen* *-te*

12. Verbinde diese Bausteine zu sinnvollen Sätzen.

Lea muss noch	lesen sehr gern.
Ihre Schwester wartet	aus Büchern.
Die zwei Mädchen	zwei Aufgaben rechnen.
Sie lernen viel	schon acht Minuten.

3 **13.** Schreibe die Sätze ab. Markiere den Satzanfang und das Satzende.

Wörter mit Doppellauten (Zwielauten)

1. Umkreise **eu** farbig.

Freund neun Freude Leute Euro heute Eule neu freuen

2. **Eu** oder **eu**? Schreibe die Wörter richtig auf.

 le n  n fr  en  ro n 

L  te h  te Fr  de Fr  ndin

3. Ergänze die Reimwörter. Überprüfe mit dem Wörterverzeichnis. Unterstreiche **Eu/eu**.

treu Keule heute scheuen

Doppellaute (Zwielaute) sind aus zwei Selbstlauten zusammengesetzt: e + u → eu, a + u → au, e + i → ei. Beim Trennen bleiben sie zusammen.

8

4. Bilde Wörter mit **au**. Unterstreiche **au**.

b / sch → auen

B / Str → auch

5. Aus zwanzig Silben werden zehn Wörter. Schreibe sie untereinander auf.

schei- -nen -ben zei- -den schnei- schrei- blei- -gen -ben

Au- -ßen Ei- -ro -le -gust au- Eu- -sen Eu-

6. Setze die Silbenbögen unter die Wörter. Schreibe sie getrennt daneben.

r nach Selbstlaut

1. Setze die Wortbausteine richtig ein. Sprich die Wörter dann deutlich.

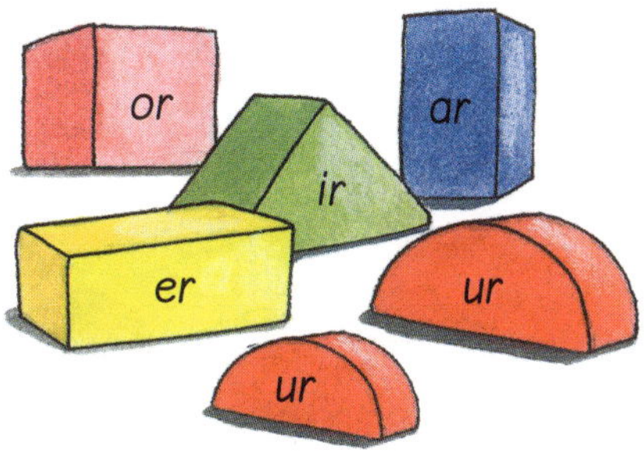

G … ten | B … ne | G … ke

W … zel | T … te | K … ze

2. Setze in Aufgabe 1 die Silbenbögen unter die Wörter.

3. Schreibe die Wörter in Silben getrennt auf.

4. Bilde aus den Silben Wörter. Schreibe sie untereinander auf.

Pfer- | Ster- | Wör- | Ar- | -me | -me | -mer | -ter

Wür- | Ker- | Hör- | Stür- | -ne | -ner | -de | -ne

5. Schreibe zu den Namenwörtern aus Aufgabe 4 die Einzahl daneben.
Setze den Begleiter davor: *das Horn.* Überprüfe mit dem Wörterbuch.

6. Markiere das **r** in jedem Wort.

7. Bilde Reimwörter. Unterstreiche den gleichen Wortteil.

Wort	Arm	Garten	Stern	Horn
Sp	w	w	K	Z

3

8. Schreibe die Sätze ab.
Unterstreiche jedes Wort mit **r** nach einem Selbstlaut.

In Opas Garten wachsen viele Gurken.
Im Herbst freuen wir uns über reife Birnen.
Bei einem schweren Sturm stürzen oft Bäume um.

Wörter mit St/st

1. Höre auf den Wortanfang. Umkreise **St/st**.

still Stadt stark Stoff Straße stellen Strand

2. Ergänze den folgenden Satz:

Manche Wörter schreibe ich mit ____ , obwohl ich **scht** höre und spreche.

3. Welche Wörter sind Namenwörter? Ergänze **St** oder **st**.

unde	adt	ark	off
ill	raße	rauch	ellen
ange	irn	ift	ehen

4. Bilde Reimwörter mit **St/st**. Unterstreiche **St/st**.

Kern 

Wunde 

Bein 

bellen

Lift 

Wurm 

Bauch 

gehen

5. Schreibe die folgenden Wörter geordnet auf.

Stunde Stirn Schwester Fenster Stift stehen gestern still Strauch

Kasten Christbaum Meister Pfosten Stange stellen Geister

St/st am Wortanfang	st im Wort

Wörter mit Sp/sp und Qu/qu

1. Höre auf den Wortanfang. Umkreise **Sp/sp**.

sparen spät spielen Spaß Sport Spagetti spülen

2. Ergänze den folgenden Satz:

Manche Wörter schreibe ich mit ____ , obwohl ich **schp** höre und spreche. 10

3. Schreibe die Wörter mit **Sp/sp** dahinter.

sp	aren		
sp	ielen		
sp	üren		
Sp	itzer		
Sp	ortler		
Sp	aß		

4. Wörter mit einem seltenen Laut: Sprich sie. Unterstreiche den ersten Laut.

quälen Qualm Quark Quelle Quiz Quittung

5. Ergänze den folgenden Satz:

Manche Wörter schreibe ich mit ____ , obwohl ich **kw** höre und spreche. 11

6. Schreibe die Wörter zu den passenden Erklärungen. Unterstreiche **Qu/qu**.

Quadrat quaken

Laute, die der Frosch von sich gibt ____

Viereck mit gleich langen Seiten ____

Herbst

Der Sommer ist vorbei. In den Monaten September und Oktober pfeift der Wind durch die Straßen. Die Tage werden kürzer, die Nächte länger. Der Winter steht vor der Tür. Max wünscht sich viel Schnee.

Übungswörter

Herbst
Sommer
Winter
Monat
September
Oktober
Tag
Nacht
Wind
werden
wünschen

1. Lies den Text leise für dich durch.

2. Lies die Geschichte nun deinem Partner deutlich vor.

3. Lies die **Übungswörter**. Unterstreiche sie im Text.

6 **4.** Neun **Übungswörter** sind Namenwörter. Schreibe sie ab.

1 **5.** Zwei **Übungswörter** sind keine Namenwörter. Schreibe sie ab.

6. Wie stehen die **Übungswörter** im Text? Ergänze.

In den ______ September und Oktober pfeift

der ______ durch die Straßen. Die ______ werden kürzer,

die ______ länger. Max ______ sich viel Schnee.

1 **7.** Male bei den **Übungswörtern** die Selbstlaute grün an.

8. Schreibe alle **Übungswörter** nach der Zahl der Silben geordnet auf.
Schreibe dabei die Wörter, die du trennen kannst, getrennt auf: *El - tern*

1 Silbe	2 Silben	3 Silben

9. Ergänze die fehlenden Buchstaben in den **Übungswörtern**.

So________er Na________ Win____ we________en

Wi________er Mo________ Ta____ wü________en

10. Baue die **Übungswörter** **Herbst**, **September**, **Oktober**, **Nacht**
Buchstabe für Buchstabe auf.

11. Welche **Übungswörter** sind hier verpurzelt worden? Schreibe sie darunter.

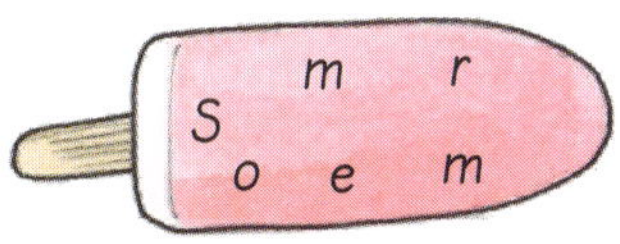

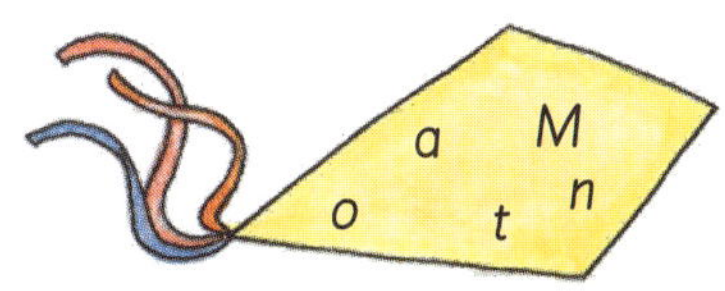

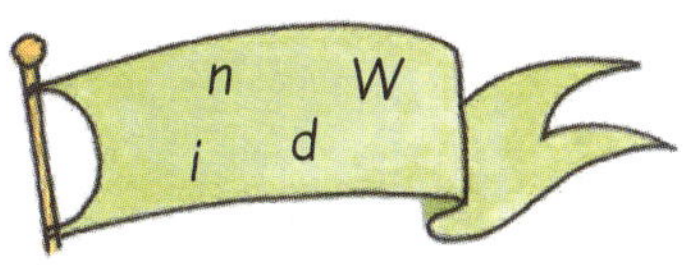

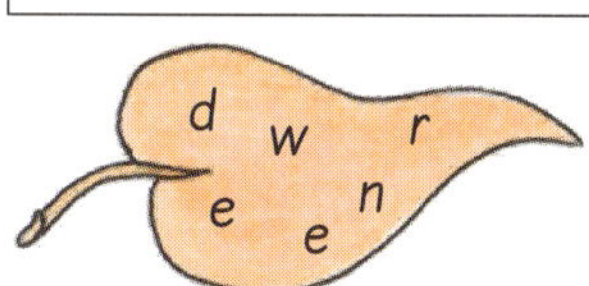

6 **12.** Schreibe die Namenwörter in der Mehrzahl mit Begleiter auf.

der Monat – ________ der Tag – ________

13. Lies den Text. Unterstreiche alle **Übungswörter**.

Der Monat September bringt den Herbst. Der Sommer ist vorbei.
Die Tage werden kürzer und die Blätter bunt.
Max wünscht sich im Oktober viel Wind. Warum?

3 **14.** Schreibe die Sätze auf.
Male den Satzanfang und die Zeichen am Satzende farbig an.

Aus a, o, u wird ä, ö, ü

1. Umkreise **a, o, u.** Sprich die Wörter in der Mehrzahl: *der Satz – die Sätze.*

M a n n   H a n d   V o g e l   W o r t   F u ß   M u t t e r

Bei Namenwörtern werden in der Mehrzahl aus den Selbstlauten **a o u** oft die Umlaute **ä ö ü**.

12

2. Schreibe die Mehrzahl der Namenwörter auf. Umkreise **ä, ö, ü**.

der Ast – die ______  die Bank – die ______ 

der Kopf – die ______  der Turm – die ______ 

3. Schreibe weitere Namenwörter in der Mehrzahl mit Begleiter auf.

der Saft – ______   der Vater – ______

die Nacht – ______   der Satz – ______

der Hals – ______   der Platz – ______

die Tochter – ______   der Rock – ______

der Bruder – ______   der Hut – ______

4. Manche Wörter mit einem Umlaut sind verwandt mit einem Wort mit einem Selbstlaut. Trage den richtigen Selbstlaut ein.

fröhlich – fr ____ h   wünschen – W ____ nsch   zählen – Z ____ hl

5. Ergänze **ä**, **ö** oder **ü**. Schreibe das verwandte Wort mit **a**, **o** oder **u** darunter.

Br ____ tchen   W ____ rme   P ____ ppchen   St ____ ngel

______   ______   ______   ______

Aus Au/au wird Äu/äu

1. Umkreise **au.** Sprich die Wörter in der Mehrzahl: *die Maus – die Mäuse.*

Bauch Haut Kraut Strauch Baum Haus Schlauch Braut

13

Bei Namenwörtern wird in der Mehrzahl aus dem Doppellaut (Zwielaut) **au** oft der Doppellaut (Zwielaut) **äu**.
Wenn du nicht weißt, ob man ein Wort mit **äu** schreibt, suche ein verwandtes Wort mit **au**:
die Bäume – der Baum, der Läufer – laufen.

2. Schreibe die Namenwörter in der Mehrzahl auf. Umkreise **au** und **äu**.

 die ____________ – der Baum 

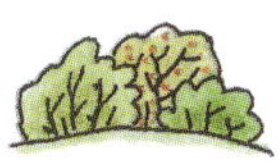 die ____________ – der Strauch 

 die ____________ – der Bauch 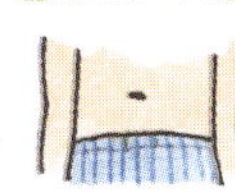

3. Schreibe die Namenwörter in der Mehrzahl mit Begleiter auf.

die Haut – ____________ das Kraut – ____________

die Braut – ____________ der Schlauch – ____________

4. Schreibe die verwandten Wörter mit **äu** auf. Umkreise **au** und **äu**.

laufen rauben kaufen

der L____________ der R____________ der K____________

5. **Eu** oder **äu**? Ergänze die fehlenden Doppellaute.

 der Z____n – die Z____ne  die ____le – die ____len

Wörter mit b, d, g am Wortende

1. Sprich die Wörter zu den Bildern.

  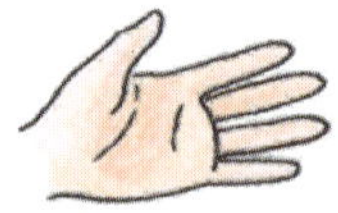 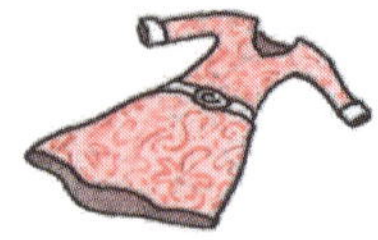

2. Bilde die Reimwörter. Unterstreiche den Laut am Ende jedes Wortes farbig.

Land	Dieb	Zug	Feld	Laub
S	l	Fl	G	St

Wenn du nicht weißt, ob ein Wort am Ende mit **d/b/g** oder mit **t/p/k** geschrieben wird, kannst du es verlängern und danach in Silben sprechen:

Kind —ver-längern→ *Kinder* —in Silben→ *Kin - der*

3. Verlängere die Wörter. Schreibe sie dann in Silben getrennt auf. Ergänze nun vorn **d** oder **t**, **b** oder **p**, **g** oder **k**.

der Aben__ →	die Abende	→ die Aben - de
das Pfer__ →		→
das Klei__ →		→
der Sta__ →		→
der Kor__ →		→
der Ta__ →		→
der We__ →		→

4. Unterstreiche **d**, **b**, **g** in jedem Wort.

5. Setze die Silben richtig zusammen.
Schreibe die Namenwörter untereinander auf.

Zü- | Hem- | Die- | Aben- | -den | -de | -der
Fel- | We- | Kör- | Ta- | Sie- | -ge | -ge | -ge | -be | -be | -be

6. Schreibe nun die Namenwörter in Silben getrennt daneben: *Kinder, Kin - der*

7. Schreibe die Namenwörter nun in der Einzahl daneben: *Kinder, Kin - der, Kind*
Unterstreiche jeweils **d**, **b**, **g**.

8. Im Wörterverzeichnis findest du noch andere Wörter mit **d**, **b**, **g**
am Wortende. Schreibe sie auf.

9. Verlängere diese Wörter, indem du Wortgruppen bildest.
Schreibe die Wörter dabei in Silben getrennt auf. Unterstreiche **d**, **b**, **g**.

Postauto	gelb	→ *das gel - be Postauto*
Herr	fremd	→ ___
Kind	gesund	→ ___
Plan	klug	→ ___

10. Setze diese Wörter richtig ein.
Ergänze dann vorn den fehlenden Buchstaben.

gesun___: → Alle Eltern wünschen sich ___ Kinder.

gel___: → Das ___ Postauto hält vor dem Haus.

klu___: → Ein ___ Plan ist viel wert.

11. Schreibe die Sätze ab.

Fehler vermeiden

Diese Fehler sind passiert:	**Daran hätte das Kind denken sollen:**
Alle Kinder *schpielen* gerne.	1. man spricht schp, schreibt aber **sp** ← also *spielen*
Die Katze *fengt* Mäuse.	2. **ä** oder **e**? Ein verwandtes Wort mit **a** suchen ← also *fangen*
Die *Beume* stürzen um.	3. **äu** oder **eu**? Ein verwandtes Wort mit **au** suchen ← also *Baum*
Faruk besucht seinen *Freunt*.	4. **d** oder **t**? Das Wort verlängern und in Silben trennen ← also *Freun - de*

1. Streiche die Fehlerwörter durch. Schreibe sie richtig darunter.

2. Gib mit den Nummern von oben an, an welche Regel dich das Wort erinnert.

(1) Sport	( ) Zäune	( ) Häuser	( ) Spagetti	( ) Kälte
( ) Hemd	( ) sparen	( ) träumen	( ) Rind	( ) Plätze

3. Vergleiche die Wörter. Streiche jeden Fehler an.
Trage die Nummer der Regel ein, die hätte beachtet werden sollen.

falsch			richtig		
( ) *Wint*	( ) *Schport*	( ) *Helse*	*Wind*	*Sport*	*Hälse*
( ) *Helt*	( ) *Nechte*	( ) *Zeune*	*Held*	*Nächte*	*Zäune*

4. Streiche die falsch geschriebenen Wörter durch. Schreibe sie richtig auf.

Das hast du in der zweiten Klasse gelernt

S.		Begriff	Das merkst du dir	Beispiel
2	1	Selbstlaut	Die Laute **a**, **e**, **i**, **o**, **u** klingen selbst. Deshalb heißen sie Selbstlaute.	a e i o u
3	2	Umlaut	Die Laute **ä**, **ö**, **ü** heißen Umlaute. Sie sind veränderte Selbstlaute.	ä ö ü
4	3	Mitlaut	Mitlaute können wir mithilfe eines Selbstlautes besser sprechen und hören.	b c d f
10	4	Silbe	Wörter bestehen aus einer oder mehreren Silben. In jeder Silbe ist ein Selbstlaut oder ein Umlaut.	Heft Tü - te
11	5	–	Beim Trennen bleiben die Laute **ch**, **sch** und **ck** immer zusammen.	Bü - cher He - cke wa - schen
12	6	Namenwort	Namenwörter sagen Namen für Menschen, Tiere, Pflanzen und Dinge. Sie werden großgeschrieben.	der Herr die Kuh die Blume
		Begleiter	Namenwörter haben Begleiter: **der** – **die** – **das** oder **ein** – **eine**.	das Auto ein Auto
13		Einzahl Mehrzahl	Namenwörter gibt es in der Einzahl und in der Mehrzahl. In der Mehrzahl heißt der Begleiter immer **die.**	eine Kuh der Hase – die Hasen
13	7	Satz	Das erste Wort im Satz (Satzanfang) wird immer großgeschrieben. Am Ende eines Satzes steht ein Punkt.	Im Garten blühen die Blumen.
20	8	Doppellaut (Zwielaut)	Doppellaute (Zwielaute) sind aus zwei Selbstlauten zusammengesetzt: **e + u → eu**, **a + u → au**, **e + i → ei**. Beim Trennen bleiben sie zusammen.	eu au ei Au - ge
22	9	–	Wenn ich am Wortanfang **scht** höre und spreche, schreibe ich **St** oder **st**.	Stunde still
23	10	–	Wenn ich am Wortanfang **schp** höre und spreche, schreibe ich **Sp** oder **sp**.	Sport sparen
23	11	–	Wenn ich am Wortanfang **kw** höre und spreche, schreibe ich **Qu** oder **qu**.	Quadrat quaken
26	12	Umlaut	Bei Namenwörtern werden in der Mehrzahl aus den Selbstlauten **a**, **o**, **u** oft die Umlaute **ä**, **ö**, **ü**.	Bank – Bänke Kopf – Köpfe Turm – Türme

27	13	Doppellaut (Zwielaut)	Bei Namenwörtern wird in der Mehrzahl aus dem Doppellaut (Zwielaut) **au** oft der Doppellaut **äu**. Wenn du nicht weißt, ob man ein Wort mit **äu** schreibt, suche ein verwandtes Wort mit **au**.	*der Strauch – die Sträucher laufen – der Läufer*
34	14	Tunwort Grundform	Wörter, die beschreiben, was wir tun, nennen wir Tunwörter. Wir schreiben sie klein: laufen. Wir nennen diese Form der Tunwörter Grundform.	*laufen schreiben singen*
35	15	Tunwort Wortstamm Endung	Jedes Tunwort hat einen **Wortstamm** und eine Endung.	*ich **schreib**e du st er, sie, es t wir en ihr t sie en*
36	16	doppelter Mitlaut	Folgt auf einen kurz gesprochenen Selbstlaut oder Umlaut nur ein Mitlaut, so wird dieser meist verdoppelt.	*Füller kommen*
38	17	doppelte Mitlaute trennen	Den doppelten Mitlaut hörst du, wenn du die Wörter in ihre Silben zerlegst. Wörter mit einem doppelten Mitlaut werden zwischen den beiden Mitlauten getrennt.	*Som - mer*
42	18	–	Einen lang gesprochen i-Laut schreiben wir meist mit **ie**.	*Lied*
44	19	Tunwort veränderter Wortstamm	Bei einigen Tunwörtern ändert sich der Wortstamm in der Personalform.	*schlafen – Lisa schläft lesen – Halil liest*
46	20	zusammengesetztes Namenwort	Aus zwei Namenwörtern wird ein neues zusammengesetztes Namenwort. Mit ihnen kann man etwas genauer beschreiben. Zusammengesetzte Namenwörter schreiben wir groß.	*Obst + Baum: Obstbaum*
49	21	Wiewort	Wörter, die beschreiben, wie etwas ist, heißen Wiewörter. Wir schreiben sie klein.	*hart – der harte Stein*
50	22	Dehnungs-h	Bei einigen Wörtern dehnt das **h** die Selbstlaute und Umlaute davor. Das Dehnungs-h steht oft vor **l**, **m**, **n**, **r**.	*Zahl, zahm, Sohn, Uhr*
52	23	doppelter Selbstlaut	In einigen Wörtern wird der lang gesprochene Selbstlaut als **aa**, **ee** oder **oo** geschrieben. Diese Wörter musst du dir merken.	*Haar Meer Moos*

Wörter nach dem zweiten Buchstaben ordnen

1. Diese Tiere kannst du bei einem Zoobesuch sehen.
Ordne ihre Namen nach dem Abc.

Löwe Giraffe Affe Seehund Elefant Bär Zebra Kamel

2. Unterstreiche den zweiten Buchstaben in den Tiernamen.
Gib dann durch Nummern an, wie ihre Reihenfolge im Abc ist.

◯ Eule ◯ Elefant ◯ Ente ◯ Eichhörnchen ◯ Esel

3. Ordne diese Wörter nach dem Abc.

	1. Buchstabe	2. Buchstabe	So folgen die Wörter im Abc aufeinander
Giraffe	◯	◯	
Grauwal	◯	◯	
Gorilla	◯	◯	
Gazelle	◯	◯	
Geier	◯	◯	

4. Bilde die Reimwörter.

springen schauen wiegen glühen reißen

5. Schreibe die Reimwörter aus Aufgabe 4 nach dem Abc geordnet auf.

Im Winter

Dezember, Januar und Februar sind
die kalten Wintermonate.
Das Thermometer am Fenster
zeigt sehr niedrige Temperaturen.
Jan freut sich, wenn er
mit seinem Freund
einen großen Schneemann
mit einem dicken Bauch bauen kann.

Übungswörter

Dezember
Januar
Februar
kalt
groß
Temperatur
Fenster
freuen
Freund
Bauch
bauen

1. Lies den Text deinem Partner vor.

2. Lies die **Übungswörter** in Robotersprache: D – e – z – e – m – b – e – r

3. Schreibe zum Bild den richtigen Monat.

8 **4.** Welche vier **Übungswörter** enthalten einen Doppellaut? Schreibe sie ab.

6 **5.** Schreibe die vier **Übungswörter** ab, die keine Namenwörter sind.

6. Erkennst du die **Übungswörter**? Ergänze die fehlenden Mitlaute.

_ e _ e _ _ e _   _ e _ _ e _ a _ u _   _ e _ _ _ e _

_ a _ u a _   _ e _ _ u a _   _ a _ _   _ _ o _

7. Hier sind **Übungswörter** versteckt. Schreibe sie mit Begleiter auf.

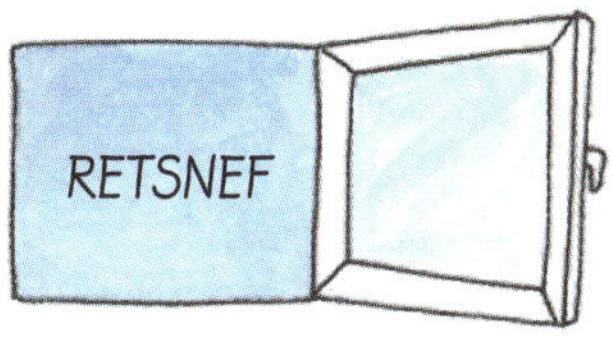

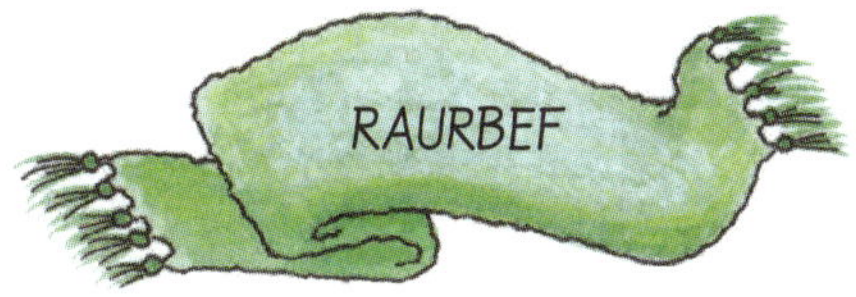

8. Setze die Silben zu sechs **Übungswörtern** zusammen.

De- | -en | Tem- | -ber | -nu- | -zem- | Fens- | -en | Ja- | -pe- | -ar | freu- | bau- | -ra- | -ter | -tur

9. Schreibe das Wort **Thermometer** in Silben getrennt auf.

10. Schreibe die vier **Übungswörter** ab, die du nicht trennen kannst.

11. Bilde Reimwörter.
Schreibe daneben das Namenwort in der Mehrzahl mit Begleiter auf.

der Bauch – die
der Schl –
der Str –

12. Unterstreiche bei den Namenwörtern in Aufgabe 11 die Doppellaute **au/äu**.

13. Suche verwandte Wörter. Das Wörterverzeichnis hilft dir.

freundlich – der ____ Kälte – k____ Größe – g____

14. Schreibe die Sätze auf.

Von zwölf Monaten haben vier Monate 30, sieben Monate 31 Tage.
Nur der Februar hat 28 oder 29 Tage.
Das Thermometer zeigt die Temperatur an.

Tunwörter und ihre Bausteine

1. Was tun die Kinder? Ordne die Wörter den Bildern zu.

schreiben | turnen | schneiden | lesen | malen

Wörter, die beschreiben, was wir tun, nennen wir Tunwörter.
Wir schreiben sie klein: laufen, schreiben, singen.
Wir nennen diese Form der Tunwörter Grundform.

14

2. Unterstreiche alle Tunwörter.

eine Aufgabe rechnen   zur Tafel schauen   die Tasche unter den Tisch stellen

an der Türe warten   am Tisch sitzen   dem Lehrer antworten

3. Bilde aus den Wortgruppen aus Aufgabe 2 Sätze.
Beginne jeden Satz so:

Die Kinder

4. Unterstreiche die Wortendung **-en** in jedem Tunwort: *schneiden*

5. Suche die Tunwörter in diesem Text. Unterstreiche sie.

MUTTER WECKT MICH JEDEN TAG UM 6 UHR. VATER MACHT SCHON DAS FRÜHSTÜCK. WIR ESSEN GEMEINSAM.
DANACH STELLE ICH DAS GESCHIRR IN DEN SCHRANK.
UM 7 UHR GEHT JEDER AUS DEM HAUS.
ERST AM ABEND KOMMEN ALLE NACH HAUSE.

6. Schreibe die Tunwörter in der Grundform ab. Umkreise die Wortendung **-en**.

Jedes Tunwort hat einen **Wortstamm** und eine Endung:
ich **schreib**e, du **schreib**st, er/sie/es **schreib**t,
wir **schreib**en, ihr **schreib**t, sie **schreib**en.

15

7. Setze das Tunwort **schreiben** in den verschiedenen Formen richtig ein.

Mutter fragt Anna: „__________ du den Brief an Tante Gerda?"

Anna antwortet: „Ja, ich __________ den Brief heute noch."

Mutter freut sich. Ihre Tochter Anna __________ den Brief.

8. Schreibe die Sätze ab.

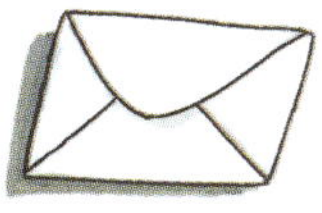

9. Suche zu den Tunwörtern die Grundform. Unterstreiche den Wortstamm.

du schaust	er taucht	sie schreit	er quakt	ich sage

10. Verwende die Tunwörter aus Aufgabe 9 richtig in diesen Sätzen.

Was die Kinder während eines Besuchs im Zoo __________:

„Die Löwen __________ ganz faul in die Sonne.

Der Seehund __________ elegant ins Wasser. Die Affen __________ laut in ihrem Gehege. An einem Teich __________ die Frösche."

Wörter mit doppeltem Mitlaut

1. Unterstreiche die fünf Wörter,
in denen der erste Selbstlaut kurz gesprochen wird.

Tasse Bett rot wissen Teller Boden Brille

2. Setze unter den kurz gesprochenen Selbstlaut einen Punkt.
Unterstreiche die doppelten Mitlaute **ll**, **tt**, **nn**, **mm**, **ss**.

schnell Sommer bitten Himmel still Zimmer

Wetter kommen Wasser Männer Pommes Klasse

Folgt auf einen kurz gesprochenen Selbstlaut oder Umlaut
nur ein Mitlaut, so wird dieser meist verdoppelt.

16

3. Setze unter die kurz gesprochenen Selbstlaute und Umlaute einen Punkt.
Unterstreiche die doppelten Mitlaute.

Gruppe Lippen fallen können Schmetterling

flüssig Grippe rollen essen Donnerstag

Spagetti Sonntag Puppe Mittwoch stellen

4. Schreibe die Wörter aus den Aufgaben 2 und 3 geordnet in eine Tabelle.

ll	tt	mm	nn	ss	pp

5. Setze die doppelten Mitlaute **ll**, **tt**, **dd**, **ss**, **rr**, **zz** richtig ein.

Lena schreibt mit ihrem Fü____er in ihr Tagebuch. Max isst gerne Pi____a. Mit ihrem Te____y spielt Sonja am liebsten. Felix und Fabian mü____en ihrer Mu____er helfen. Sie wo____en aber lieber lesen. Was He____ Müller wohl dazu sagt?

6. Schreibe die Wörter unter die Bilder. Unterstreiche die doppelten Mitlaute.

der F__________ die P__________ die P__________ der Sch______________

der T__________ der S__________ der M__________ der D______________

7. Schreibe die Reimwörter mit doppeltem Mitlaut auf.

rollen	messen	hell	küssen
w	e	schn	m
sollen	**bellen**	**knallen**	**brüllen**
r	st	f	f

8. Bilde Wörter mit **mm.** Verbinde. Schreibe sie mit Begleiter daneben.

Hi		er	______
	mm		
Zi		el	______
Po		er	______
	mm		
So		es	______

9. Setze die Silben zu acht Wörtern zusammen.

Klas- flüs- bit- Män- Was- fül- Wet- sol-

-ten -ner -sig -len -len -se -ser -ter

____

____

Wörter mit doppeltem Mitlaut trennen

1. Klatsche die Silben. Zeichne dann Silbenbögen unter die Wörter: *Puppe*.

sollen Klasse flüssig Füller wollen alle Wasser Wetter

2. Schreibe die Wörter aus Aufgabe 1 in Silben getrennt auf.

Den doppelten Mitlaut hörst du, wenn du die Wörter in ihre Silben zerlegst: Som - mer.
Wörter mit einem doppelten Mitlaut werden zwischen den beiden Mitlauten getrennt.

17

3. Sprich die Wörter in Silben. Schreibe sie getrennt auf.

bitten		Himmel	
kommen		Pommes	
Zimmer		Pizza	
sollen		können	
essen		müssen	

4. Ergänze die Tunwörter. Unterstreiche die doppelten Mitlaute.

können: Lea (annk) ______ gut Rad fahren.

müssen: Micha (ussm) ______ zum Zahnarzt.

essen: Mia (ssti) ______ gern Birnen.

wollen: Florian (iwll) ______ morgen mit Faruk spielen.

Wörter mit doppeltem Mitlaut und ck üben

Schau das Wort Buchstabe für Buchstabe an. Schreibe es ab.	Setze die fehlenden Buchstaben ein. Schreibe das Wort darunter.	Ergänze die fehlende Silbe. Schreibe das Wort getrennt darunter auf.	Setze das Wort in Druckschrift ein. Schreibe es dann auf.
Füller	F __ __ __ er	_____ - ler	
Himmel	H __ __ __ el	_____ - mel	
Klasse	Kl __ __ __ e	_____ - se	
Puppe	P __ __ __ e	_____ - pe	
Wetter	W __ __ __ er	_____ - ter	
Hecke	H __ __ __ e	_____ - cke	
Rücken	R __ __ __ en	Rü - _____	
Zucker	Z __ __ __ er	Zu - _____	

Schöne Feste

„Weihnachten ist schön“, sagt Tanja. „Da legen wir Geschenke füreinander unter den Christbaum mit den hellen Lichtern.“ „Bei uns ist es Ostern immer lustig“, erzählt Martin. „Wir verstecken reich verzierte Ostereier unter Hecken im Garten. Aber von zwölf Eiern konnten wir zuletzt nur sechs finden.“ „Wie heißt eigentlich dein schönstes Fest?“, fragt Tanja Halil.

Übungswörter

finden
heißen
Licht
Weihnachten
Christbaum
zwölf
Hecke
Ostern
reich
sechs
legen

1. Lies die Geschichte. Erzählt euch von Festen, die ihr feiert.

2. Lies die **Übungswörter**. Unterstreiche sie im Text.

3. Schreibe die sieben **Übungswörter** ab, in denen zwei Buchstaben einen Laut bilden.

4. Schreibe die Purzelwörter richtig auf.

5. Schreibe die vier **Übungswörter** auf. Unterstreiche die Merkstelle.

~~Christbaum~~ ~~heißen~~ ~~sechs~~ ~~Hecke~~

6. Bilde Reimwörter mit dem Doppellaut **ei**.

reißen — h

gleich — r

7. Umkreise im Text oben alle Wörter mit dem Doppellaut **ei**.

8. Achte hier auf den ersten Laut. Setze **Ch** ein.

der _____rist _____ristus der _____ristbaum das _____ristkind das _____ristfest

9. Setze die Silben der sechs **Übungswörter** richtig zusammen.
Schreibe die Wörter auf.

le | tern | fin | cke | Os | gen | He | ter | hei | den | Lich | ßen

10. Schreibe diese Zahlen als Wörter auf. Vergleiche mit dem Wörterverzeichnis.

2 _____ 6 _____ 8 _____ 12 _____

11. Trage zwei Wörter aus Aufgabe 10 richtig ein.

Ein Jahr hat _____ Monate. Eine Fliege hat _____ Beine.

15

12. Trage die Tunwörter richtig ein.
Unterstreiche die Endung der Tunwörter.

legen legst lege „Ich _____ Florian.

heiße heißt heißen Mein Freund _____ Faruk“, _____ Florian.

findest finden finde „Wir _____ uns gerne ans Wasser.

sagt sagen sage Dort _____ du uns oft.“

3

13. Übe mit den Sätzen aus Aufgabe 12 richtig aufzuschreiben.

Denke daran:
Das erste Wort im Satz schreibst du groß.
Am Satzende setzt du einen Punkt.

14. Male Satzanfang und Satzende farbig nach.

Wörter mit ie

1. Höre auf den i-Laut. Unterstreiche **ie**.

lieben	sieben	spielen
liegen	Papier	riechen
siegen	Riese	fliegen
hier	Dieb	vier

Einen lang gesprochenen i-Laut schreiben wir meist mit **ie**. 18

2. Schreibe die Namenwörter auf. Überprüfe mit dem Wörterverzeichnis. Unterstreiche **ie**.

die ______

die ______

der ______

der ______

die ______

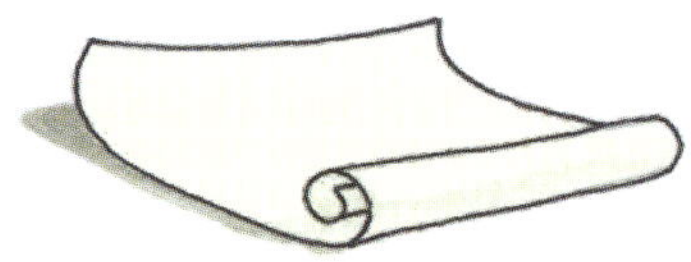

das ______

3. Ergänze **ie**.

h_____r v_____r Pap_____r l_____b l_____s

14 15 **4.** Schreibe die Tunwörter aus Aufgabe 1 ab. Unterstreiche die Wortendungen.

5. Finde die Reimwörter. Unterstreiche **ie**.

zielen – sp

der Riese – die W

vier – das T

die Schiene – die B

kriegen – w, l, b, fl

schief – der Br, t

das Ziel – das Sp, v

6. Sprich die Silben. Klatsche dazu.
Schreibe die acht Wörter auf. Unterstreiche **ie**.

spie- lie- lie- Wie- -len -bel -tag
-gen -se Zwie- flie- -ben -gen Bie- Diens- -ne

7. Bilde möglichst viele Sätze. Schreibe sie auf.

Ich	spiele / spielst / spielt / spielen	mit dem Ball.
Du	liege / liegst / liegt / liegen	auf der Wiese.
Faruk	fliege / fliegst / fliegt / fliegen	in den Urlaub.
Wir		

8. Unterstreiche in den Tunwörtern bei Aufgabe 7 den Wortstamm blau und die Endung orange.

9. Umkreise in jedem Satz den Satzanfang und das Satzende.

Tunwörter verändern sich

1. Schreibe zu jedem Bild das passende Tunwort.

werfen lesen laufen schlafen fallen tragen waschen essen

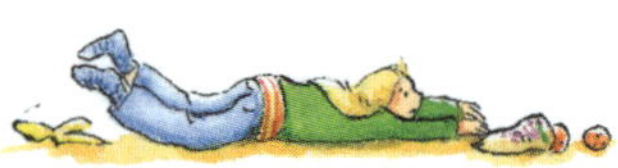

Bei einigen Tunwörtern ändert sich der Wortstamm in der Personalform:
sch**la**fen – Lisa sch**lä**ft, **le**sen – Halil **lie**st.

19

2. Schreibe die Personalform der Tunwörter unter die Grundform.

lesen	tragen	schlafen
er	sie	er

3. Verwende das Tunwort **laufen** in den folgenden Sätzen.

Halil sagt: „Ich ________ zu Faruk."

Mutter fragt: „Wo ________ du hin?"

Tanja sagt: „Halil ________ zu Faruk."

Alle rufen: „Wir ________ weg!"

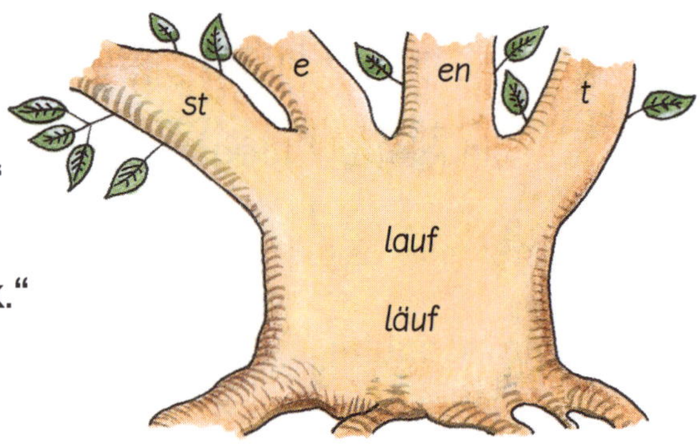

4. Unterstreiche die Veränderungen im Wortstamm in den Aufgaben 2 und 3.

5. Bilde die du-Form der Tunwörter.
Unterstreiche die Tunwörter, die sich im Wortstamm ändern.

halten	bringen	denken	geben	nehmen
warten	schlagen	singen	tragen	helfen
kaufen	fallen	werfen	fangen	rufen

6. Bilde mit allen Tunwörtern aus Aufgabe 5 Sätze. Schreibe sie auf.

7. Setze die Tunwörter richtig ein.

tragen — Mutter fragt Lea: „__________ du mir die Tasche?“

fallen — Halil sagt zu Lisa: „Pass auf, dass du nicht __________!“

fangen — Hannes __________ den Ball, den Faruk wirft.

helfen — Lisa __________ ihrer Mutter.

8. Streiche die Tunwörter durch, die du mit **ver-** nicht zusammensetzen kannst.

ver-

kaufen	danken	helfen	finden	fahren	laufen
fragen	schlafen	scheinen	blühen	rechnen	suchen

9. Schreibe die Tunwörter auf, die mit **ver-** einen Sinn ergeben.
Schreibe so: *verkaufen*

10. Setze Tunwörter aus Aufgabe 9 richtig ein.

Herr Meier will sein Auto __________.

Fabian __________, eine Lösung zu finden.

Manche Blumen __________ sehr schnell.

11. Schreibe die Sätze aus Aufgabe 10 ab.

Zusammengesetzte Namenwörter

Anna bittet: „Ich hätte gern einen Saft“. Max fragt: „Willst du einen aus Bananen oder aus Birnen?“

1. Schreibe die Namen der zwei Säfte auf.

 +  ____________________  +  ____________________

20

Aus zwei Namenwörtern wird ein neues zusammengesetztes Namenwort: das Obst + der Baum: der Obstbaum.
Mit ihnen kann man etwas genauer beschreiben.
Zusammengesetzte Namenwörter schreiben wir groß.

2. Bilde vier zusammengesetzte Namenwörter. Schreibe sie auf.

Puppen Dezember Regen Papier + Spiel Wetter Tag Schere

3. Trenne die Wörter durch Striche voneinander ab.

4. Bilde mit den Wörtern aus Aufgabe 3 vier zusammengesetzte Namenwörter.

____

____

5. Bilde zusammengesetzte Namenwörter mit **Sport**. Schreibe sie untereinander mit Begleiter auf: *der Sport + das Hemd: das Sporthemd*

Stunde Tasche Hose Platz

6. Schreibe die zusammengesetzten Namenwörter aus Aufgabe 5 in der Mehrzahl mit Begleiter daneben.

7. Bilde zusammengesetzte Namenwörter mit **Tag**.
Schreibe sie mit Begleiter auf: *der Ferientag*

Kalender Mutter Mai Regen
Sommer Winter Herbst Feier

8. Welche Wörter gehören zusammen? Verbinde sie.
Schreibe sie untereinander mit Begleiter auf.

Klassen Bild
Pferde Zimmer

Eltern Käfer
Mai Abend

9. Schreibe die zusammengesetzten Namenwörter von Aufgabe 8 in der Mehrzahl mit Begleiter daneben.

10. Du kannst auch drei Namenwörter zusammensetzen.
Schreibe sie mit Begleiter auf.

Regen + Bogen + Farbe: *eine*

Apfel + Saft + Flasche:

Christ + Baum + Ständer:

Blumen + Topf + Erde:

11. Zerlege die zusammengesetzten Namenwörter.
Schreibe die Namenwörter mit Begleiter auf.

Birnbaum: *die Birne + der Baum*

Autotelefon:

Computerspiel:

Körperpflege:

Nachthemd:

Leichter lernen?

Stolz zeigt Nico den Computer an seinem Platz.
„In meiner Klasse haben alle einen“, sagt er.
„Jeder arbeitet gern damit, weil das Ergebnis einer Aufgabe oft in Sekunden erscheint.
Aber der harte dunkle Kasten ersetzt nicht einen hellen Kopf. Es ist wichtig, viel zu üben.“

Übungswörter

haben
üben
dunkel
Computer
Kopf
hart
hell
arbeiten
leicht
Sekunde
Platz
scheinen

1. Lies den Text.
Sprecht darüber, wofür ihr den Computer benutzt.

2. Lies die **Übungswörter**. Unterstreiche sie im Text.

3. Zeige deinem Partner **Übungswörter**, die du richtig schreiben kannst, wenn er sie deutlich spricht. Lass sie dir diktieren. Vergleicht dann.

4. Welche **Übungswörter** passen hier? Trage sie in Druckschrift ein.

5. Schreibe die **Übungswörter** darunter, die sich reimen.

Topf	Spatz	schnell	meinen

20

6. Bilde mit dem **Übungswort** **Computer** zusammengesetzte Namenwörter.
Schreibe sie auf. Unterstreiche die Merkstellen.

Sprache Spiel Bild Platz Tisch

7. Schreibe die vier **Übungswörter** auf, die Tunwörter sind.

8. Erkläre deinem Partner, woran du Tunwörter erkennst.

9. Vier **Übungswörter** sagen dir, wie etwas ist. Setze sie ein.

_____ wie ein Stein 

_____ wie die Lampe 

_____ wie eine Feder 

_____ wie die Nacht 

21

Wörter, die beschreiben, wie etwas ist, heißen Wiewörter.
Wir schreiben sie klein:
hart – der harte Stein, der Stein ist hart.

10. Unterstreiche die Wiewörter farbig.
Erkläre deinem Partner, woran du sie erkennst.

laufen	eng	weit	träumen
schnell	sitzen	werfen	schön

11. Schreibe die Wiewörter aus Aufgabe 10 ab. Bilde dann Sätze mit ihnen.

12. Unterstreiche die Wiewörter grün.

Hemd hoch Hose hungrig Hand hart Hund hitzig Himmel hell

13. Ordne erst die Namenwörter nach dem Abc.
Ordne nun die Wiewörter nach dem Abc.
Überprüfe mit dem Wörterbuch.

3

14. Bilde möglichst viele verschiedene Sätze. Schreibe sie auf.

Ihr Du haben jeder einen neuen Computer.

In unserer Klasse hast hat einen hellen Kopf.

Viele Schüler habt einen schönen Platz.

15. Markiere den Satzanfang und das Satzende.

16. Unterstreiche die Wiewörter.

Wörter mit Dehnungs-h

1. Zähle zuerst die Laute und dann die Buchstaben.

Zahl der Laute	Wort	Zahl der Buchstaben
	Ohr	
	Zahn	
	Stuhl	

2. Unterstreiche den ersten Selbstlaut und die Merkstelle **h**.

Zahl fehlen ihr Sohn Ohren Huhn

3. Unterstreiche den Umlaut und die Merkstelle **h**.

kühl Zähne Söhne fühlen wählen

4. Umkreise die Merkstelle **h** und den folgenden Mitlaut.

Fehler zählen berühmt Hahn mahnen bohren

> Bei einigen Wörtern dehnt das **h** die Selbstlaute und Umlaute davor.
> Das Dehnungs-h steht oft vor **l**, **m**, **n**, **r**: Zahl, zahm, Zahn, Ohr.

22

5. Ergänze **ah**, **eh**, **äh**, **öh**, **Oh**, **Uh**. Schreibe die Wörter nochmals darunter.

Z___l z___n z___len S___ne Z___n

Z___ne ___ren ___ren z___len

6. Umkreise **h** und den nachfolgenden Mitlaut in den Wörtern von Aufgabe 5.

7. Schreibe die Wörter darunter. Unterstreiche die Merkstelle **h**.

8. Verbinde mit Strichen, was zusammengehört. Schreibe die Wörter auf.

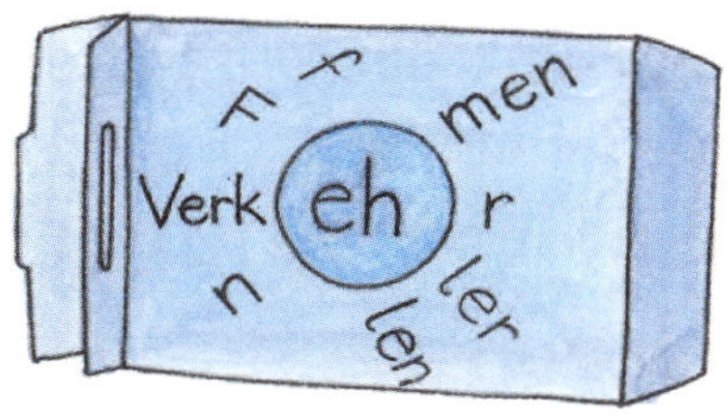

15

9. Bilde möglichst viele Sätze. Sprich sie und schreibe sie auf.

Ich	bezahlen	e	die Früchte.
Du	zählen	st	das Geld.
Er	wohnen	t	in der Mannschaft.
Wir	fehlen	en	in einem schönen Haus.

10. Setze die Wörter **fahren**, **fährt**, **Fährst**, **Fahre** richtig ein.

Tim will mit dem Fahrrad zur Schule ____________. Seine Mutter fragt ihn:

„____________ du bestimmt auf dem Radweg?“ Sie mahnt ihn: „____________

bitte vorsichtig!“ Tim ____________ immer vorsichtig.

11. Male an den Satzenden Punkt, Fragezeichen und Ausrufezeichen farbig an.

Wörter mit aa, ee, oo

1. Umkreise die Wörter in der Schlange.

2

2. Ordne die Wörter aus Aufgabe 1 ein. Unterstreiche die Merkstellen.

aa	ee	oo

23

In einigen Wörtern wird der lang gesprochene Selbstlaut
als **aa**, **ee** oder **oo** geschrieben: Haare, Meer, Moos.
Diese Wörter musst du dir merken.

3. Bilde Wörter. Schreibe sie auf. Unterstreiche die Merkstellen.

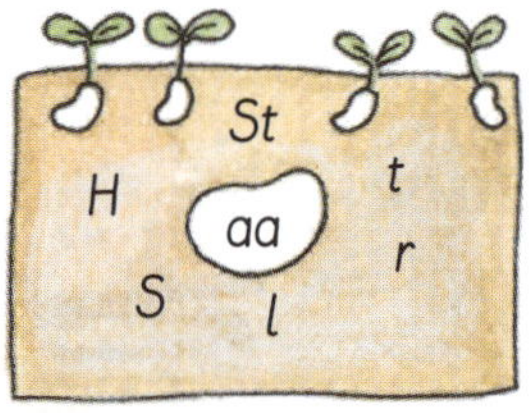

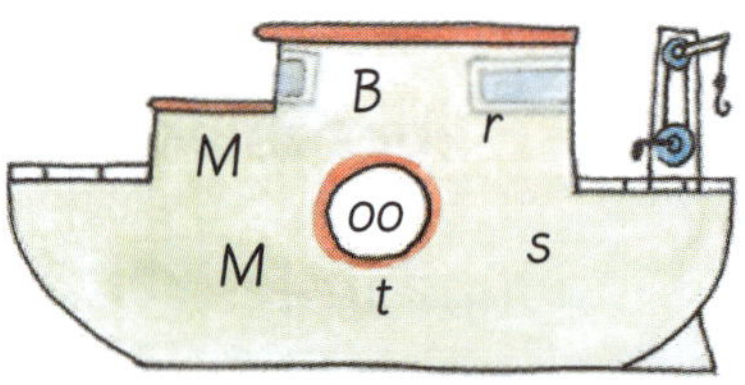

20

4. Bilde zusammengesetzte Namenwörter. Unterstreiche die Merkstellen.

Haar — Bürste, Nadel, Schleife

Segel, Ruder, Motor — Boot

Tee — Glas, Wasser, Beutel

5. Setze die Wörter richtig ein.

See Moor Saal Boot Waage

der Schlamm aus dem ______, der große ______ in unserer Schule,

das ______ auf dem ______, die Wurst auf der ______

Wörter mit Merkstellen üben

Schaue das Wort Buchstabe für Buchstabe an. Unterstreiche die Merkstelle.	Setze das Wort in Druckschrift ein. Schreibe es auf. Unterstreiche die Merkstelle.	Ergänze die fehlende Silbe. Schreibe das Wort darunter.	Lass dir das Wort von deinem Partner diktieren. Vergleiche dann.
Frühling		______ - ling	
Füße		Fü - ______	
Quadrat		______ - drat	
Hexe		He - ______	
Papier		Pa - ______	
Stängel		______ - gel	
Teddy		Ted - ______	
Verkehr		Ver - ______	

Eine bunte Familie

Judith beobachtet Schmetterlinge. Mit ihren vier Flügeln zeigen sie sich in allen möglichen Farben. Im Tierlexikon liest sie, dass bei uns weit mehr als hundert verschiedene Falter leben. Sie staunt über die vielen Namen und darüber, wie aus Raupen Schmetterlinge werden.

Übungswörter

hundert
Name
weit
Lexikon
zeigen
Raupe
vier
alle
Familie
leben
Schmetterling

1. Lies die Geschichte. Welche Schmetterlinge kennst du? Schlage mit deinem Partner in einem Lexikon nach.

2. Lies die **Übungswörter**. Unterstreiche sie im Text.

6

3. Fünf **Übungswörter** sind Namenwörter. Ordne sie nach ihren Begleitern.

der	die	das

4. Erkennst du diese **Übungswörter**? Schreibe sie darunter.

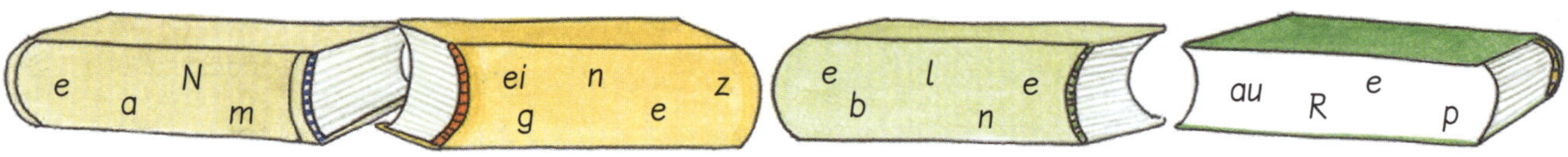

5. Nenne deinem Partner die Wörter aus Aufgabe 4, in denen ein Doppellaut vorkommt. Lass sie dir diktieren.

6. Welche **Übungswörter** stehen hier in Geheimschrift? Schreibe sie auf.

20

7. Bilde zusammengesetzte Namenwörter mit **Lexikon**. Schreibe sie auf.

Tier   Pflanzen   Kinder

8. Bilde drei Wörter mit **x**. Schreibe sie daneben. Unterstreiche die Merkstelle.

He / Le / Te — **x** — t / e / ikon

9. Setze die drei Wörter ein. Unterstreiche die Merkstelle.

Im ______ finde ich einen kurzen ______ über die ______.

10. Schreibe das **Übungswort** mit **v** auf. ______

11. Suche im Wörterverzeichnis die Wörter mit der Merkstelle **v**. Schreibe sie ab.

12. Schreibe die **Übungswörter** darunter, die sich reimen.

Falle	Tier	heben	breit

13. Bilde aus den Silben Wörter. Schreibe sie in die richtige Spalte.

Schmet- -pe le- -ter- Rau- hun- -lie -mi- -dert Le- Fa- -xi- -ling -kon -ben

Wörter mit zwei Silben	Wörter mit drei Silben

15 **14.** Bilde Sätze. Achte auf die verschiedenen Bausteine der Tunwörter.

Das Lexikon	leb	e	eine fette Raupe.
Ein Schmetterling	fang/fäng	st	Antwort auf viele Fragen.
Ein großer Vogel	geb/gib	t	bis zu zwölf Monate.

3 **15.** Unterstreiche die Wörter, die für dich schwierig sind. Schreibe die Sätze ab.

Das kann ich schon

1. Die vier Mitlaute helfen dir, neue Wörter zu bilden.
Schreibe die neuen Wörter darunter.

   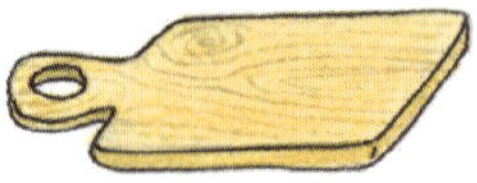

Kopf ______ Schüssel ______ Kasse ______ Bett ______

2. Der Clown hat eine wichtige Botschaft für dich in Geheimschrift geschrieben.
Jede Zahl steht für einen Buchstaben des Abc (A = 1, B = 2, ...).

1	12	12	5

12	5	18	14	23	15	18	20	5	18
					¨				

19	20	5	8	5	14

1	21	6

4	5	14

12	5	20	26	20	5	14

4	18	5	9

19	5	9	20	5	14

.

3. Der Clown hat die Buchstaben in den Tiernamen nach dem Abc geordnet.
Wie heißen die Tiere wirklich?

DHNU  HKU  ÄEFKR  DERPF  AEHS 

4. Die Schlange verschluckt nacheinander Namenwort, Tunwort und Wiewort.
Ordne die übrig gebliebenen Wörter in dieser Reihenfolge ein.

lieben heiß Rock eng essen Zehe

5. Wenn du die richtigen Namenwörter einträgst, erhältst du den Namen eines bekannten Urlaubslandes.

darauf schreiben wir

ein Stofftier

ein Spielgerät

Gewürz: Pfeffer und ...

Speise aus einem südlichen Land

damit gehst du

Name eines Geldstücks

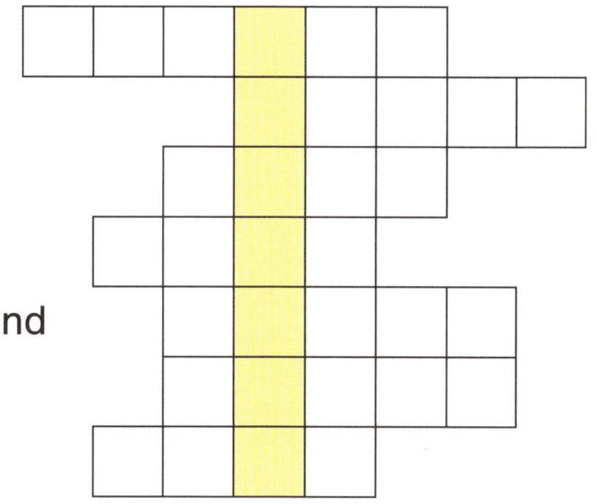

6. Trenne die zusammengesetzten Namenwörter durch Striche voneinander. Schreibe sie richtig auf.

Reithund Windhaar Entenrichtung Blindpferd Katzenei

7. Schreibe die in Spiegelschrift geschriebenen Wiewörter richtig daneben.

schnell	1	R	klein
weiß	2	L	kalt
groß	3	I	dunkel
heiß	4	N	gesund
hell	5	E	schwarz
krank	6	B	langsam

8. Verbinde die Wiewörter mit ihrem Gegenteil. Du erhältst den Namen einer deutschen Stadt.

_ _ _ _ _ _
1 2 3 4 5 6

Wörterverzeichnis

A/a

Abend
acht
alle
als
alt
Ampel
antworten
Apfel
April
arbeiten
Arm
Ast
Aufgabe
Auge
August
Auto

B/b

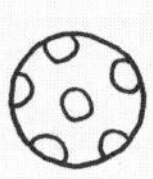

Baby
baden
Ball
Bank
Bauch
bauen
Baum
Beet
Bein
beißen
bewegen
bezahlen
biegen
Biene
Bild
Birne
bitten
Blatt
blau
bleiben
blühen
Blume
Blüte
Boden
bohren
Boot
böse
braun
Brief
bringen
Brot
Brötchen
Bruder
Buch
bunt
Busch

C/c

Cent
Christbaum
Computer

D/d

danken
denken
Dezember
Dieb
Dienstag
Donnerstag
Dose
drei
dunkel

E/e

Ei
ein
Eis
elf
Eltern
Ende
eng
Ente
Erde
erzählen
essen
Eule
Euro

F/f

fahren
fallen
Familie
fangen
Februar
Feder
fehlen
Fehler
fein
Feld
Fenster
finden
Finger
Fisch
Flasche
fliegen
Flügel
flüssig
fragen
Frau
fremd
Freude
freuen
Freund
Freundin
frisch
Frucht
Frühling
füllen
Füller
fünf
Fuß

G/g

Gabel
Gans
Garten
geben
gehen
gelb
Geld
Gemüse
gern
Gesicht
gestern
gesund
Gras
groß
grün
gut

So kannst du Fehler vermeiden

4

Polizei oder *Bolizei*?	Sprich das Wort und halte die Hand vor den Mund. Du spürst das **P**.	Also: *Polizei*
Tasche oder *Dasche*?	Sprich das Wort und halte die Hand vor den Mund. Du spürst das **T**.	Also: *Tasche*
grank oder *krank*?	Sprich das Wort und halte die Hand vor den Mund. Du spürst das **k**.	Also: *krank*
Gaten oder *Garten*?	Sprich das Wort deutlich in Silben. Du hörst das **r** nach dem Selbstlaut.	Also: *Gar - ten*
Schtunde oder *Stunde*?	Man spricht scht, schreibt aber **St/st**.	Also: *Stunde*
Schport oder *Sport*?	Man spricht schp, schreibt aber **Sp/sp**.	Also: *Sport*
kwaken oder *quaken*?	Man spricht kw, schreibt aber **Qu/qu**.	Also: *quaken*
Hende oder *Hände*?	Es gibt ein verwandtes Wort mit **a** (Hand).	Also: *Hände*
Beuche oder *Bäuche*?	Es gibt ein verwandtes Wort mit **au** (Bauch).	Also: *Bäuche*
Abend oder *Abent*?	Wenn du nicht weißt, ob ein Wort am Ende mit **d/b/g** oder **t/p/k** geschrieben wird, kannst du es verlängern oder in Silben sprechen.	Also: *Aben - de*
Puppe oder *puppe*?	Eine Puppe ist ein Ding. Das Wort hat einen Begleiter. Du kannst die Mehrzahl bilden. Puppe ist also ein Namenwort. Man schreibt es groß.	Also: *Puppe*
zur Tafel Schauen oder *schauen*?	Tunwörter beschreiben, was du tust. Man schreibt sie klein.	Also: *schauen*
der Stein ist Hart oder *hart*?	Wiewörter beschreiben, wie etwas ist. Man schreibt sie klein.	Also: *hart*
Himel oder *Himmel*?	Sprich das Wort. Auf einen kurz gesprochenen Selbstlaut folgt meist ein doppelter Mitlaut. Trenne es. Du hörst den doppelten Mitlaut.	Also: *Him-mel*

Schau im Wörterbuch nach und vergleiche, wenn du unsicher bist.

H/h 

Haar
haben
Hals
halten
Hand
hart
Hase
Haus
Haut
Hecke
heiß
heißen
helfen
hell
Hemd
Herbst
Herr
heute
Hexe
Himmel
hören
Horn
Hose
Hund
hundert

I/i 

Igel
Insel

J/j 

Jahr
Januar
Juli
jung
Junge
Juni

K/k 

Käfer
Kalender
kalt
Kälte
kann
Katze
kaufen
Kern
Kind
Klasse
Kleid
klein
klug
Knie
kommen
können
Kopf
Körper
krank
Kraut
Kuchen
Kuh
kurz

L/l 

lachen
laufen
laut
leben
legen
leicht
leise
Leiter
lernen
lesen
Leute
Lexikon
Licht
lieb
lieben
liegen

M/m 

machen
Mädchen
Mai
malen
Mann
März
Maus
Minute
Mittwoch
Monat
Montag
Moor
morgen
Mund
müssen
Mutter

N/n 

Nacht
Nadel
Name
Nase
Nebel
nehmen
neu
neun
November

O/o 

Obst
Ohr
Oktober
Onkel
Ostern

P/p 

Papier
Pferd
pflanzen
pflegen
Pinsel
Pizza
Platz
Pommes
Puppe

Qu/qu 

Quadrat
quaken

R/r 

Raupe
rechnen
reden
Regen
reich
reisen
Rock
rollen
rot
Rücken
rufen

S/s 

Saal
Saft
sagen
Salz
Samstag
Sand
Satz
schauen
scheinen
Schere
schlafen
schlagen
Schlauch
Schmetterling
Schnee
schneiden
schnell
schön
schreiben
schreien
Schuh
Schule
schwarz
Schwein
Schwester
sechs
sehen
Seife
Sekunde
September
singen
sitzen
Sohn
sollen
Sommer
Sonne
Sonntag
Spagetti
sparen
Spiel
spielen
Sport
Stange
Stängel
stehen
stellen
Stern
Stift
still
Stirn
Strauch
Stunde
Sturm
suchen

T/t 

Tafel
Tag
Tante
Tasche
tauchen
Teddy
Tee
Telefon
Temperatur
Text
Thermometer
Tier
Tisch
Tochter
Tomate
tragen
trinken
Tür
turnen

U/u 

üben
Uhr

V/v 

Vater
Verkehr
viel
vier
Vogel

W/w 

warm
Wärme
warten
waschen
Wasser
Weg
Weihnachten
weiß
weit
werden
Wetter
Wiese
Wind
Winter
Woche
wohnen
wollen
Wort
wünschen
Wurm
Wurzel

Z/z 

Zahl
zahlen
zählen
Zahn
Zehe
zehn
zeigen
Zeit
Zimmer
Zucker
zwei
Zwiebel
zwölf

So kannst du erfolgreich üben

1

So kannst du üben, wie du Wörter zum Mitsprechen aufschreibst:

1. Sprich das Wort deutlich Laut für Laut: *D-e-z-e-m-b-e-r*
2. Schreibe das Wort und sprich dabei deutlich mit.
3. Lies das geschriebene Wort nun Laut für Laut.
   Prüfe, ob du keinen Laut vergessen hast.

2

So prägst du dir Wörter mit Merkstellen ein:

1. Lies das Wort. Schau es
   Buchstabe für Buchstabe an.
2. Unterstreiche Merkstellen im Wort.
3. Merke dir das Wort. Decke es ab.
4. Sprich dir das Wort vor.
   Schreibe es auswendig auf.
5. Vergleiche mit der Vorlage,
   ob du richtig geschrieben hast.

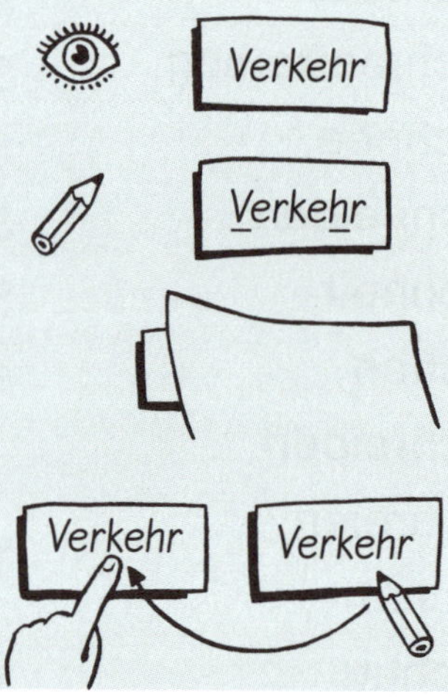

3

So kannst du üben, Sätze aufzuschreiben:

1. Lies zuerst den ganzen Satz.
2. Merke dir einen Teil des Satzes.
   Sprich ihn dir vor.
3. Decke diesen Teil dann ab.
   Schreibe ihn auf.
4. Vergleiche danach Wort für Wort,
   ob du richtig geschrieben hast.
5. Gehe nun bei den nächsten
   Satzteilen genau so vor.

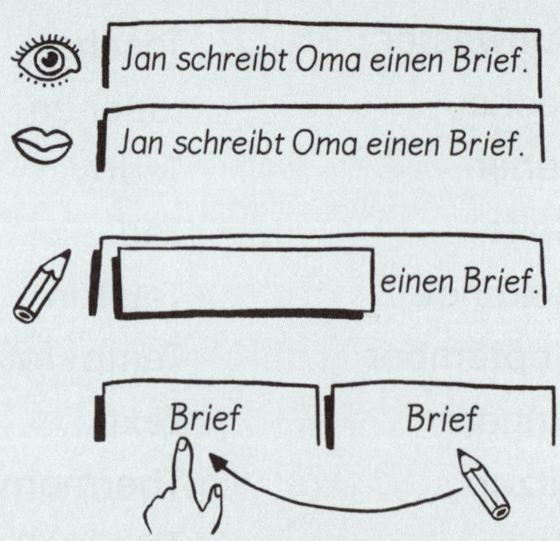